The Spice Market And More Bilingual French-English Stories for Language Learners

Pomme Bilingual

Published by Pomme Bilingual, 2024.

While every precaution has been taken in the preparation of this book, the publisher assumes no responsibility for errors or omissions, or for damages resulting from the use of the information contained herein.

THE SPICE MARKET AND MORE BILINGUAL FRENCH-ENGLISH STORIES FOR LANGUAGE LEARNERS

First edition. December 31, 2024.

Copyright © 2024 Pomme Bilingual.

ISBN: 979-8230537175

Written by Pomme Bilingual.

Table of Contents

Le Café des Secrets 1

The Café of Secrets 5

La Maison aux Citrons 9

The House of Lemons 13

Les Parfums de l'Été 17

The Scents of Summer 21

Une Nuit à Saint-Malo 25

A Night in Saint-Malo 29

Le Train du Matin 33

The Morning Train 37

Les Ombres de Paris 41

The Shadows of Paris 45

L'Étoile de Provence 49

The Star of Provence 53

Le Marché aux Épices 57

The Spice Market 61

Le Café des Secrets

Dans un coin pittoresque de Montmartre, sur une petite place bordée de pavés, se trouvait un café au charme indéniable : *Le Café des Secrets*. Sa façade bleu pastel et ses volets usés par le temps invitaient les passants à entrer, comme une promesse de réconfort et de chaleur.

Marie-Claire, la propriétaire, avait hérité du café de sa grand-mère. Avec ses cheveux auburn relevés en un chignon simple et son sourire toujours présent, elle incarnait l'âme du lieu. Chaque matin, elle disposait des fleurs fraîches sur les tables en bois, préparait des viennoiseries parfumées et allumait des bougies pour adoucir l'atmosphère.

Le café avait quelque chose de magique. Les clients disaient qu'ils se sentaient étrangement légers en franchissant le seuil. Les habitués venaient autant pour l'ambiance que pour confier leurs pensées à Marie-Claire.

Un jour, Madame Lemoine, une vieille dame élégante, s'assit à son coin habituel.

« Marie-Claire, ma chère, écoutez-moi... Mon fils m'a annoncé qu'il ne viendra pas pour Noël cette année. Vous imaginez ? Après tout ce que j'ai fait pour lui. »

Marie-Claire posa une tasse de thé fumante devant Madame Lemoine et s'assit en face.

« Peut-être a-t-il ses raisons, Madame Lemoine. Mais pourquoi ne pas lui écrire une lettre pour lui dire ce que vous ressentez ? »

La vieille dame soupira mais acquiesça.

Le lendemain, c'était au tour de Paul, un jeune écrivain, de venir chercher du réconfort.

« Marie-Claire, j'ai l'impression que je n'arriverai jamais à finir mon roman. Les idées me manquent... »

« Prenez une pause, Paul. Parfois, l'inspiration vient quand on l'attend le moins. Vous savez que ce café a déjà vu naître des chefs-d'œuvre, n'est-ce pas ? » dit-elle avec un clin d'œil.

Chaque client semblait laisser une petite part de lui-même au café. Les secrets, les espoirs et les regrets s'accumulaient comme des couches invisibles, tissant une toile d'histoires entre les murs.

Un soir, alors que Marie-Claire fermait le café, elle trouva un carnet en cuir noir sur une table. Intriguée, elle l'ouvrit. À l'intérieur, des pages soigneusement remplies d'une écriture élégante racontaient des fragments de vie.

"Aujourd'hui, j'ai regardé Montmartre depuis le Sacré-Cœur et j'ai ressenti une étrange mélancolie. J'ai toujours rêvé de vivre ici, mais je n'ai jamais osé quitter ma ville natale."

Marie Claire tourna les pages, fascinée. Chaque entrée révélait les pensées intimes d'une personne dont le nom n'était jamais mentionné. Mais une phrase attira particulièrement son attention :

"Si je devais recommencer, j'ouvrirais un café. Un endroit où les gens pourraient être eux-mêmes, où leurs secrets trouveraient refuge."

Elle sentit une étrange connexion avec l'auteur du carnet. Le lendemain, elle plaça le carnet sur le comptoir, espérant que son propriétaire reviendrait.

Les jours passèrent, mais personne ne réclama le carnet. Marie-Claire ne pouvait s'empêcher de lire un peu plus chaque soir. À travers ces pages, elle découvrit des rêves qu'elle avait elle-même enterrés : voyager, peindre, écrire.

Une nuit, alors qu'elle feuilletait le carnet, une idée germa. Et si elle ajoutait sa propre entrée ? Prenant un stylo, elle écrivit :

"Aujourd'hui, je réalise que je veux peindre à nouveau. Demain, je sortirai mes pinceaux."

Ce petit geste marqua le début d'un nouveau chapitre pour Marie-Claire. Le *Café des Secrets* resta son refuge, mais elle commença à exposer ses tableaux dans un coin du café. Chaque tableau racontait une histoire, inspirée des confidences de ses clients.

Un matin, un homme élégant entra dans le café et s'arrêta net en voyant le carnet sur le comptoir.

« Excusez-moi, ce carnet est à moi. Je pensais l'avoir perdu pour toujours. »

Marie-Claire lui tendit avec un sourire.

« Il a trouvé une place spéciale ici. Merci de l'avoir laissé derrière vous. »

L'homme hocha la tête, visiblement ému. Avant de partir, il ajouta :

« Parfois, ce qu'on perd nous aide à trouver ce qui compte vraiment. »

Marie-Claire regarda l'homme sortir du café, son carnet sous le bras, et réalisa que chaque secret partagé, chaque rêve murmuré, faisait du *Café des Secrets* un endroit unique où les âmes venaient se retrouver.

The Café of Secrets

In a picturesque corner of Montmartre, on a small cobblestone square, stood a café with undeniable charm: *The Café of Secrets*. Its pastel blue façade and timeworn shutters invited passersby inside, offering a promise of warmth and comfort.

Marie-Claire, the owner, had inherited the café from her grandmother. With her auburn hair swept up in a simple bun and her ever-present smile, she embodied the heart of the place. Every morning, she arranged fresh flowers on the wooden tables, prepared fragrant pastries, and lit candles to soften the atmosphere.

The café had a magical quality. Customers often said they felt a peculiar lightness upon crossing its threshold. Regulars came as much for the ambiance as for confiding their thoughts to Marie-Claire.

One day, Madame Lemoine, an elegant elderly woman, sat in her usual corner.

"Marie-Claire, my dear, listen to me… My son told me he won't be coming for Christmas this year. Can you imagine? After all I've done for him."

Marie-Claire placed a steaming cup of tea in front of Madame Lemoine and sat across from her.

"Perhaps he has his reasons, Madame Lemoine. But why not write him a letter to express how you feel?"

The old woman sighed but nodded in agreement.

The next day, it was Paul, a young writer, who came seeking solace.

"Marie-Claire, I feel like I'll never finish my novel. The ideas just aren't there..."

"Take a break, Paul. Sometimes inspiration comes when you least expect it. You know this café has witnessed the birth of masterpieces, don't you?" she said with a wink.

Each customer seemed to leave a small piece of themselves at the café. Secrets, hopes, and regrets accumulated like invisible layers, weaving a tapestry of stories within the walls.

One evening, as Marie-Claire closed the café, she found a black leather notebook on a table. Intrigued, she opened it. Inside, the pages were carefully filled with elegant handwriting, recounting fragments of life.

> "Today, I looked out at Montmartre from the Sacré-Cœur and felt a strange melancholy. I've always dreamed of living here, but I've never had the courage to leave my hometown."

Marie-Claire turned the pages, captivated. Each entry revealed the intimate thoughts of someone whose name was never mentioned. But one phrase particularly caught her attention:

> "If I could start over, I would open a café. A place where people could be themselves, where their secrets could find refuge."

She felt a peculiar connection to the notebook's author. The next day, she placed the notebook on the counter, hoping its owner would return.

Days passed, but no one claimed it. Marie-Claire couldn't resist reading a little more each night. Through those pages, she uncovered dreams she herself had buried: traveling, painting, writing.

One night, as she leafed through the notebook, an idea took root. What if she added her own entry? Picking up a pen, she wrote:

> "Today, I realize I want to paint again. Tomorrow, I'll take out my brushes."

This small act marked the beginning of a new chapter for Marie-Claire. The *Café of Secrets* remained her refuge, but she began displaying her paintings in a corner of the café. Each painting told a story, inspired by the confidences of her customers.

One morning, an elegant man entered the café and froze upon seeing the notebook on the counter.

"Excuse me, that notebook is mine. I thought I'd lost it forever."

Marie-Claire handed it to him with a smile.

"It found a special place here. Thank you for leaving it behind."

The man nodded, visibly moved. Before leaving, he added:

"Sometimes, what we lose helps us find what truly matters."

Marie-Claire watched the man walk out of the café, his notebook tucked under his arm, and realized that every shared secret, every whispered dream, made *The Café of Secrets* a unique place where souls came to reconnect.

La Maison aux Citrons

Théo était accoudé à la fenêtre du train qui le menait vers le sud. Les paysages de Provence défilaient sous ses yeux : champs de lavande, cyprès élancés et collines dorées par le soleil d'août. Dans ses mains, une vieille clé rouillée attachée à un ruban jaune, vestige d'une époque révolue. Sa grand-mère, Marguerite, venait de s'éteindre, et avec elle, la maison aux citrons lui revenait en héritage.

Il n'avait pas revu la maison depuis des années. Enfant, il passait ses étés dans cette bâtisse aux murs blanchis par le soleil, entourée d'un vaste verger de citronniers. Marguerite avait toujours eu une fascination pour ses arbres qu'elle traitait comme des membres de la famille.

Quand il arriva enfin, la maison était telle qu'il s'en souvenait : un toit de tuiles rouges, des volets turquoise écaillés, et un parfum de citron qui flottait dans l'air. Cependant, quelque chose semblait avoir changé. Les citronniers, qui autrefois ployaient sous le poids des fruits, semblaient presque vibrer sous une lumière étrange.

Théo poussa la porte, et une bouffée d'air chargé d'odeurs d'herbes séchées et de bois vieilli l'accueillit. Sur la table de la cuisine trônait une lettre écrite de la main élégante de Marguerite :

"Mon cher Théo,

Si tu lis cette lettre, c'est que je ne suis plus là. Mais ma maison et mes citronniers sont désormais à toi. Ces arbres sont spéciaux. Chaque citron renferme un souvenir, une vérité que tu dois découvrir. Écoute-les, et ils te guideront."

Théo plissa les yeux. Un souvenir ? Des vérités ? Cela ressemblait à une énigme sortie tout droit d'un conte. Pourtant, il ne put s'empêcher de sortir dans le verger.

Il approcha un arbre au hasard, tendit la main et cueillit un citron d'un jaune éclatant. Lorsqu'il le coupa, une étrange brume s'échappa, enveloppant l'air d'un murmure doux et apaisant. Puis, une vision apparut.

Il se retrouva transporté dans un passé lointain. Sa grand-mère Marguerite, jeune et souriante, dansait dans le verger avec un homme qu'il ne reconnaissait pas. Ils riaient, leurs mains s'effleuraient, et leurs regards brillaient d'une tendresse infinie.

Quand la vision s'évanouit, Théo resta immobile. Marguerite n'avait jamais parlé de cet homme. Qui était-il ?

Le lendemain, il continua son exploration. Chaque citron révélait un fragment de la vie de Marguerite : un premier amour interdit, une dispute douloureuse avec sa sœur, une nuit d'orage où elle avait juré de ne jamais quitter cette maison.

Un jour, il découvrit un citron différent des autres, plus petit, presque doré. Lorsqu'il l'ouvrit, la vision fut plus intense. Il vit un bébé dans un berceau, entouré par Marguerite et un homme inconnu.

Théo comprit alors : cet homme était son grand-père, un artiste voyageur que Marguerite avait aimé mais qui avait dû partir, laissant derrière lui son enfant – la mère de Théo. Ce souvenir expliquait tant de choses : la nostalgie de Marguerite, son attachement viscéral à la maison et à ses citronniers, comme s'ils contenaient toute son histoire.

Avec chaque citron qu'il ouvrait, Théo sentait un lien se tisser entre lui et ses racines. Il comprit que les arbres avaient été les gardiens silencieux des souvenirs de sa famille, des témoins de leurs joies et de leurs douleurs.

Le dernier citron qu'il cueillit ne contenait pas de vision. Mais il dégageait un parfum si intense qu'il remplit Théo de paix. Il se rendit compte qu'il n'avait plus besoin de réponses. La maison aux citrons n'était pas seulement un lieu : c'était une mémoire vivante, une promesse que rien ne serait oublié.

Théo décida de rester. Il repeignit les volets, entretint les arbres et invita des amis à découvrir ce lieu enchanteur. Et chaque fois qu'un visiteur goûtait un citron, il disait :

« Ces citrons ont quelque chose de magique. »

Théo souriait alors, sachant que les secrets de sa famille resteraient à jamais préservés dans l'ombre parfumée de la maison aux citrons.

The House of Lemons

Théo was leaning against the train window, heading south. The landscapes of Provence passed by his eyes: lavender fields, tall cypress trees, and hills bathed in the August sun. In his hands, an old, rusty key attached to a yellow ribbon—a relic from a bygone era. His grandmother, Marguerite, had just passed away, and with her, the house of lemons was now his inheritance.

He hadn't seen the house in years. As a child, he had spent his summers in the building with sun-bleached walls, surrounded by a vast orchard of lemon trees. Marguerite had always had a fascination with these trees, treating them like family members.

When he finally arrived, the house was just as he remembered: a red-tiled roof, chipped turquoise shutters, and the unmistakable scent of lemons in the air. However, something seemed different. The lemon trees, which once drooped under the weight of their fruit, seemed to shimmer under an odd light.

Théo pushed the door open, and a gust of air laden with dried herbs and aged wood greeted him. On the kitchen table lay a letter written in Marguerite's elegant handwriting:

"My dear Théo,

If you are reading this letter, it means that I am no longer here. But my house and my lemon trees are now yours. These trees are special. Each lemon contains a memory, a truth that you must discover. Listen to them, and they will guide you."

Théo squinted. A memory? Truths? It sounded like a riddle from a fairytale. Still, he couldn't resist heading into the orchard.

He approached a tree at random, stretched out his hand, and plucked a lemon with a brilliant yellow hue. When he cut it open, a strange mist emerged, enveloping the air in a soft, soothing whisper. Then, a vision appeared.

He found himself transported to a distant past. His grandmother Marguerite, young and smiling, was dancing in the orchard with a man he didn't recognize. They were laughing, their hands brushing, their eyes shining with infinite tenderness.

When the vision faded, Théo stood still. Marguerite had never spoken of this man. Who was he?

The next day, he continued his exploration. Each lemon revealed a fragment of Marguerite's life: a forbidden first love, a painful argument with her sister, a stormy night when she swore never to leave this house.

One day, he discovered a lemon different from the others—smaller, almost golden. When he opened it, the vision was even more intense. He saw a baby in a cradle, surrounded by Marguerite and an unknown man.

Théo then understood: this man was his grandfather, a traveling artist whom Marguerite had loved but had to leave behind, leaving his child—Théo's mother. This memory explained so much: Marguerite's nostalgia, her visceral attachment to the house and its lemon trees, as if they contained her entire history.

With each lemon he opened, Théo felt a bond forming between himself and his roots. He understood that the trees had been silent guardians of his family's memories, witnesses to their joys and pains.

The last lemon he picked didn't contain a vision. But it emitted such an intense fragrance that it filled Théo with peace. He realized he no longer needed answers. The house of lemons wasn't just a place: it was a living memory, a promise that nothing would be forgotten.

Théo decided to stay. He repainted the shutters, tended to the trees, and invited friends to discover this enchanting place. And each time a visitor tasted a lemon, they would say,

"These lemons have something magical about them."

Théo would smile, knowing that his family's secrets would forever remain preserved in the fragrant shadows of the house of lemons.

Les Parfums de l'Été

Grasse, baignée par le soleil, embaumait l'air d'un mélange capiteux de fleurs et d'agrumes. Dans une petite ruelle pavée, nichée entre des murs de pierre dorés, se trouvait *L'Atelier des Arômes*, une parfumerie artisanale où Élise, une jeune apprentie, passait ses journées à apprendre l'art délicat des parfums.

Élise avait toujours eu un nez exceptionnel. Petite, elle pouvait distinguer les odeurs les plus subtiles : la fraîcheur poivrée des pins, la douceur des pétales de rose dans le jardin de sa grand-mère, ou encore l'odeur terreuse d'un orage d'été. Travailler dans cet atelier, entourée de flacons et d'essences précieuses, était pour elle un rêve devenu réalité.

Son mentor, Monsieur Girard, était réputé pour son talent mais aussi pour son caractère exigeant. Il voyait en Élise un potentiel certain, mais il ne manquait jamais une occasion de lui rappeler qu'elle était encore loin d'être une *nez* accomplie.

« Élise, concentrez-vous ! Vous ne pouvez pas mélanger des notes de fond et de tête aussi négligemment. Chaque goutte doit raconter une histoire », disait-il en fronçant les sourcils.

Un jour, alors qu'elle classait les essences dans l'atelier, Élise trouva un petit carnet en cuir oublié sur une étagère. À l'intérieur, des formules anciennes, des croquis de fleurs et des notes manuscrites qui semblaient appartenir à Monsieur Girard. Parmi les pages, une phrase attira son attention :

"Un parfum réussi capture une émotion, une mémoire."

Cette pensée résonna en elle. Pendant des semaines, elle travailla en secret sur une composition personnelle. Chaque soir, après le départ de Monsieur Girard, elle restait dans l'atelier, choisissant avec soin les essences qui évoquaient ses souvenirs d'enfance : la lavande des champs de Provence, le citron sucré de la tarte de sa mère, et une pointe de thym sauvage que son père ramenait des collines.

Un matin, Élise présenta timidement son flacon à Monsieur Girard.

« J'ai créé ce parfum. Il s'appelle *Été perdu*. Je voulais capturer l'essence des étés de mon enfance. »

Monsieur Girard prit le flacon, huma le contenu, et son expression changea. Il semblait troublé, presque décontenancé.

« Qui vous a appris cette composition ? » demanda-t-il, un ton dur dans la voix.

« Personne. Je... je l'ai imaginée seule. »

Il posa le flacon sans un mot et quitta la pièce, laissant Élise abasourdie.

Dans les jours qui suivirent, l'attitude de Monsieur Girard devint plus froide. Il la critiquait pour des erreurs insignifiantes, l'accablait de tâches sans intérêt. Pourtant, Élise remarqua qu'il avait pris son flacon et l'avait rangé dans une armoire où il gardait ses créations personnelles.

Un après-midi, alors qu'elle était seule dans l'atelier, une cliente importante arriva : Madame Valois, propriétaire d'une grande parfumerie à Paris. Monsieur Girard était absent, et Élise se sentit nerveuse.

« Je suis venue pour découvrir vos nouveautés », annonça Madame Valois en souriant.

Élise, hésitante, décida de lui présenter *Été perdu*. Quand Madame Valois sentit le parfum, ses yeux s'illuminèrent.

« C'est extraordinaire ! Ce parfum est comme une madeleine de Proust. Qui l'a créé ? »

Élise baissa les yeux, incertaine. « C'est... une création récente de l'atelier », dit-elle finalement.

Quand Monsieur Girard revint et apprit ce qui s'était passé, il entra dans une colère froide.

« Vous avez osé présenter une composition qui n'est pas finalisée ! Vous jouez avec la réputation de cet atelier ! » cria-t-il.

Élise, les larmes aux yeux, trouva enfin le courage de répondre.

« Ce parfum est le mien. Il reflète mes souvenirs, mon travail, ma passion. Si vous pensez que cela ternit votre réputation, alors peut-être que je n'ai pas ma place ici. »

Monsieur Girard resta silencieux un long moment. Enfin, il soupira.

« Vous avez raison. Ce parfum est magnifique. Mais je ne voulais pas l'admettre. Peut-être parce que cela me rappelle mes propres débuts, quand j'essayais moi aussi de capturer des souvenirs dans un flacon. Vous avez un talent brut, Élise. Mais vous devez encore apprendre à le polir. »

Ce jour-là, Monsieur Girard commença à traiter Élise comme une véritable créatrice, non plus une simple apprentie. Et *Été perdu* devint l'un des parfums phares de l'atelier, une ode à la nostalgie des étés passés et à la puissance des souvenirs capturés dans une bouteille.

The Scents of Summer

———

Grasse, bathed in sunlight, filled the air with a heady blend of flowers and citrus. In a small cobblestone alley, nestled between walls of golden stone, stood *L'Atelier des Arômes*, a handcrafted perfume workshop where Élise, a young apprentice, spent her days learning the delicate art of perfume making.

Élise had always had an exceptional nose. As a child, she could distinguish the most subtle scents: the peppery freshness of pine trees, the sweetness of rose petals in her grandmother's garden, and the earthy smell of a summer thunderstorm. Working in this workshop, surrounded by bottles and precious essences, was a dream come true for her.

Her mentor, Monsieur Girard, was renowned for his talent but also for his demanding nature. He saw potential in Élise but never missed an opportunity to remind her that she was still far from being a master perfumer.

"Élise, focus! You can't mix base and top notes so carelessly. Every drop must tell a story," he would say, frowning.

One day, while organizing the essences in the workshop, Élise found a small leather notebook forgotten on a shelf. Inside were ancient formulas, sketches of flowers, and handwritten notes that seemed to belong to Monsieur Girard. Among the pages, one sentence caught her attention:

"A successful perfume captures an emotion, a memory."

This thought resonated deeply with her. For weeks, she secretly worked on a personal composition. Every evening, after Monsieur Girard had left, she stayed in the workshop, carefully selecting essences that evoked her childhood memories: the lavender from the fields of Provence, the sweet lemon scent of her mother's tart, and a hint of wild thyme that her father brought from the hills.

One morning, Élise timidly presented her bottle to Monsieur Girard.

"I've created this perfume. It's called *Lost Summer*. I wanted to capture the essence of my childhood summers."

Monsieur Girard took the bottle, inhaled the contents, and his expression changed. He seemed troubled, almost taken aback.

"Who taught you this composition?" he asked, his voice stern.

"No one. I... I imagined it myself."

He set the bottle down without a word and left the room, leaving Élise stunned.

In the days that followed, Monsieur Girard's attitude grew colder. He criticized her for insignificant mistakes, burdened her with unimportant tasks. Yet, Élise noticed that he had taken her bottle and placed it in a cupboard where he kept his personal creations.

One afternoon, while she was alone in the workshop, an important client arrived: Madame Valois, the owner of a large perfume shop in Paris. Monsieur Girard was absent, and Élise felt nervous.

"I've come to discover your latest creations," Madame Valois announced with a smile.

Hesitant, Élise decided to present *Lost Summer*. When Madame Valois smelled the perfume, her eyes lit up.

"It's extraordinary! This perfume is like a Proustian madeleine. Who created it?"

Élise lowered her eyes, uncertain. "It's... a recent creation from the workshop," she said, finally.

When Monsieur Girard returned and learned what had happened, he was furious.

"You dared to present a composition that is not finished! You're playing with the reputation of this workshop!" he yelled.

Élise, tears in her eyes, finally found the courage to speak up.

"This perfume is mine. It reflects my memories, my work, my passion. If you think it tarnishes your reputation, then maybe I don't belong here."

Monsieur Girard remained silent for a long moment. Finally, he sighed.

"You're right. This perfume is beautiful. But I didn't want to admit it. Maybe because it reminds me of my own beginnings, when I too tried to capture memories in a bottle. You have raw talent, Élise. But you still need to learn how to polish it."

That day, Monsieur Girard began to treat Élise as a true creator, no longer just an apprentice. And *Lost Summer* became one of the workshop's flagship perfumes, an ode to the nostalgia of summers gone by and the power of memories captured in a bottle.

Une Nuit à Saint-Malo

Le vent soufflait doucement sur les remparts de Saint-Malo, emportant avec lui l'odeur saline de la mer. La ville, baignée dans la lumière dorée du crépuscule, semblait figée dans le temps. Luc était assis à une petite table d'un café en bord de mer, une tasse de café froid devant lui et un carnet à croquis ouvert. Les pages étaient couvertes de dessins nerveux, des esquisses inachevées, des ombres et des silhouettes qui semblaient flotter dans un vide.

Luc était peintre, ou du moins il essayait de l'être. Les galeries parisiennes avaient refusé ses œuvres, et les commandes se faisaient rares. Saint-Malo était son refuge, un lieu où il espérait retrouver l'inspiration. Mais ce soir-là, il se sentait vide, aussi creux qu'un coquillage abandonné sur le sable.

« Excusez-moi, cette chaise est-elle libre ? »

Luc releva les yeux. Une femme se tenait devant lui, vêtue d'un manteau beige, les cheveux relevés en un chignon simple. Elle portait un sac en cuir usé, et ses yeux, d'un vert profond, semblaient porter le poids d'histoires silencieuses.

« Oui, bien sûr », répondit-il en poussant la chaise de la main.

Elle s'assit avec une élégance discrète, sortant un livre de son sac. Mais elle ne lut pas. Ses yeux se perdirent dans les vagues qui déferlaient au loin.

« Vous êtes d'ici ? » demanda-t-elle finalement, brisant le silence.

« Non, je viens de Paris. Et vous ? »

« Non plus. Je suis de Rennes. Je viens ici... pour changer d'air », dit-elle avec un léger sourire mélancolique.

Ils échangèrent quelques banalités. Elle s'appelait Jeanne. Veuve depuis deux ans. Elle venait à Saint-Malo pour échapper au vide de sa maison, à l'absence qui résonnait dans chaque pièce.

Luc parla de son art, ou plutôt de son absence d'art. Il avoua son doute, son échec à trouver une voix, une raison de continuer à peindre. Jeanne l'écoutait attentivement, comme si ses mots avaient un poids particulier pour elle.

« Vous savez, » dit-elle après un moment, « parfois, ce qu'on cherche n'est pas dans ce qu'on fait, mais dans ce qu'on ressent. »

Luc hocha la tête, mais il ne répondit pas. Les mots semblaient trop simples, et pourtant ils lui parlaient.

La nuit était tombée. Les lumières des réverbères projetaient des reflets tremblotants sur les pavés humides. Jeanne proposa une promenade sur les remparts. Luc accepta.

Ils marchèrent côte à côte, le silence entre eux ponctué par le bruit des vagues. Jeanne raconta des bribes de sa vie avec son mari : les étés passés à lire sous les arbres, les dîners animés avec des amis, et la maladie qui avait tout emporté.

Luc, à son tour, parla de ses rêves d'artiste, des nuits passées à peindre jusqu'à l'aube, et de l'échec cuisant qui l'avait amené ici.

« Vous aimez encore peindre ? » demanda Jeanne en s'arrêtant.

Luc réfléchit un instant. « Oui. Mais je ne sais pas si ça compte, si ça a un sens. »

« Tout ce qui vient du cœur a un sens », dit-elle doucement.

Ils restèrent là, immobiles, regardant la mer noire s'étendre à l'infini. Luc sentit une chaleur étrange monter en lui, une lueur d'espoir fragile mais réelle.

« Merci », murmura-t-il.

« Pour quoi ? »

« Pour m'écouter. Pour... me comprendre, je suppose. »

Jeanne sourit. « Parfois, une nuit suffit. »

Ils retournèrent au café. Jeanne devait partir le lendemain matin. Luc lui proposa de peindre quelque chose pour elle, un souvenir de cette nuit.

Elle secoua la tête. « Non. Gardez votre art pour vous. Mais si jamais vous peignez quelque chose de beau, quelque chose qui vient du cœur, pensez à moi. »

Ils se serrèrent la main, une étreinte brève mais significative.

Le lendemain, Jeanne était partie. Luc s'installa à son chevalet avec une énergie nouvelle. Il peignit sans relâche, des scènes baignées de lumière, des visages marqués par le temps, et un paysage de Saint-Malo sous un ciel étoilé.

Il ne revit jamais Jeanne. Mais chaque toile qu'il peignait portait en elle un fragment de cette nuit, un écho de leurs conversations, et l'empreinte de son sourire.

A Night in Saint-Malo

The wind was gently blowing over the ramparts of Saint-Malo, carrying with it the salty scent of the sea. The town, bathed in the golden light of dusk, seemed frozen in time. Luc sat at a small table in a seaside café, a cup of cold coffee in front of him and a sketchbook open. The pages were covered in nervous drawings, unfinished sketches, shadows, and silhouettes that seemed to float in a void.

Luc was a painter, or at least he was trying to be. Parisian galleries had rejected his works, and commissions had become rare. Saint-Malo was his refuge, a place where he hoped to rediscover inspiration. But that evening, he felt empty, as hollow as a seashell abandoned on the sand.

"Excuse me, is this chair free?"

Luc looked up. A woman stood in front of him, dressed in a beige coat, her hair gathered in a simple bun. She carried a worn leather bag, and her deep green eyes seemed to carry the weight of unspoken stories.

"Yes, of course," he replied, pushing the chair toward her.

She sat down with discreet elegance, pulling a book from her bag. But she didn't read. Her eyes wandered, lost in the waves crashing in the distance.

"Are you from here?" she finally asked, breaking the silence.

"No, I'm from Paris. And you?"

"Not here either. I'm from Rennes. I come here... to change the air," she said with a faint, melancholic smile.

They exchanged a few pleasantries. Her name was Jeanne. A widow for two years. She came to Saint-Malo to escape the emptiness of her house, the absence that echoed in every room.

Luc spoke of his art, or rather the absence of it. He admitted his doubts, his failure to find a voice, a reason to continue painting. Jeanne listened attentively, as if his words carried a special weight for her.

"You know," she said after a while, "sometimes, what we're looking for isn't in what we do, but in what we feel."

Luc nodded, but didn't reply. The words seemed too simple, and yet they spoke to him.

Night fell. The lamplight cast trembling reflections on the damp cobblestones. Jeanne suggested a walk along the ramparts. Luc agreed.

They walked side by side, the silence between them punctuated by the sound of the waves. Jeanne shared fragments of her life with her husband: summers spent reading under trees, lively dinners with friends, and the illness that had taken it all away.

Luc, in turn, spoke of his dreams of being an artist, the nights spent painting until dawn, and the crushing failure that had led him here.

"Do you still enjoy painting?" Jeanne asked, stopping.

Luc thought for a moment. "Yes. But I don't know if it matters, if it has meaning."

"Everything that comes from the heart has meaning," she said softly.

They stood there, motionless, watching the black sea stretch out into infinity. Luc felt a strange warmth rise within him, a fragile but real glimmer of hope.

"Thank you," he murmured.

"For what?"

"For listening to me. For... understanding me, I suppose."

Jeanne smiled. "Sometimes, one night is enough."

They returned to the café. Jeanne had to leave the next morning. Luc offered to paint something for her, a memory of that night.

She shook her head. "No. Keep your art for yourself. But if you ever paint something beautiful, something that comes from the heart, think of me."

They shook hands, a brief but meaningful embrace.

The next day, Jeanne was gone. Luc set up his easel with new energy. He painted tirelessly, scenes bathed in light, faces marked by time, and a landscape of Saint-Malo under a starry sky.

He never saw Jeanne again. But each canvas he painted carried within it a fragment of that night, an echo of their conversation, and the imprint of her smile.

Le Train du Matin

———

Chaque matin, à 6h12 précises, Étienne montait dans le train de banlieue reliant Lyon à Paris. La rame, encore enveloppée du silence de l'aube, accueillait les mêmes passagers, leurs visages à moitié éveillés. Étienne, un homme d'une quarantaine d'années, prenait toujours place près de la fenêtre, à la cinquième voiture. C'était une habitude qu'il avait adoptée sans vraiment y réfléchir, comme une règle tacite dans le ballet quotidien des trajets.

Étienne observait les autres passagers, non par curiosité intrusive, mais par fascination pour les petites routines qui composaient leur existence. Il remarquait les détails : la jeune femme au chignon serré qui lisait un livre différent chaque semaine, l'homme d'affaires toujours plongé dans son ordinateur, ou encore le vieil homme qui portait une casquette usée et regardait par la fenêtre avec une expression rêveuse.

Mais c'était surtout une femme qui attira son attention, une femme qu'il appela mentalement « Madeleine ». Pourquoi Madeleine ? Étienne ne savait pas. Peut-être à cause de son air mélancolique, ou des miettes de brioche qu'elle essuyait parfois distraitement de son manteau. Elle avait toujours l'air absorbé dans ses pensées, les yeux rivés sur une petite boîte en bois qu'elle serrait dans ses mains.

Un jour, alors qu'il feuilletait un journal sans intérêt, Étienne remarqua quelque chose d'étrange. Madeleine n'était pas là. Il balaya la voiture du regard, mais son siège habituel restait vide. Pendant les jours suivants, elle ne réapparut pas. Cela le troubla plus qu'il ne voulait l'admettre. Étienne ne connaissait pas cette femme. Pourtant, son absence créait un vide.

Finalement, il décida de briser sa routine et d'aborder les autres passagers qu'il voyait chaque jour. Il s'adressa d'abord à la jeune femme qui lisait, assise deux rangées plus loin.

« Excusez-moi, avez-vous remarqué que la dame qui s'assoit toujours ici n'est plus là ? » demanda-t-il.

La femme leva les yeux de son livre, surprise. « Vous parlez de celle avec la boîte ? Oui, je me demandais aussi où elle était. »

Étienne continua son enquête discrète. L'homme d'affaires haussa les épaules. Le vieil homme en casquette répondit d'un ton pensif :

« Elle m'a dit, la semaine dernière, qu'elle partait pour un voyage important. Mais je n'ai pas demandé où. »

Cette réponse laissa Étienne perplexe. Qui était Madeleine ? Où allait-elle ? Et pourquoi cela le préoccupait-il autant ?

Le matin suivant, alors qu'il montait dans le train, Étienne trouva un petit objet sur le siège qu'elle occupait toujours. C'était sa boîte en bois. Il la prit, hésitant, avant de l'ouvrir avec précaution. À l'intérieur, il trouva des lettres, des photographies anciennes et un billet de train. Le billet portait une date passée et une destination mystérieuse : « Le Havre ».

Intrigué, Étienne décida d'en savoir plus. Après son arrivée à Paris, il consulta une carte et prit un train vers Le Havre. Ce voyage improvisé, loin de sa routine, le remplit d'une étrange excitation.

À Le Havre, il se rendit dans un petit café près de la gare, guidé par une adresse griffonnée sur une des lettres. Là, il trouva un serveur qui reconnaissait la description de Madeleine.

« Elle venait souvent ici », dit-il. « Elle disait qu'elle cherchait quelqu'un. »

Étienne resta assis longtemps, le regard perdu sur la mer visible au loin. Madeleine semblait être une énigme qu'il ne pouvait résoudre. Mais ce n'était pas important. Ce qui comptait, c'était le chemin qu'elle lui avait fait emprunter, hors de ses habitudes et dans une quête de sens qu'il n'avait jamais envisagée.

En reprenant le train vers Lyon, Étienne sentit que quelque chose en lui avait changé. Il ne reverrait peut-être jamais Madeleine, mais elle lui avait appris que la vie était faite de connexions invisibles, de fils tissés entre les inconnus qui partagent un instant, une routine, ou un siège de train.

Chaque matin, Étienne continuait de prendre le train, mais son regard sur les passagers avait changé. Il ne voyait plus seulement des silhouettes, mais des histoires, des possibles, des vies entremêlées à la sienne.

The Morning Train

Every morning, at exactly 6:12, Étienne would board the suburban train connecting Lyon to Paris. The train, still wrapped in the silence of dawn, welcomed the same passengers, their faces half-awake. Étienne, a man in his forties, always took a seat by the window in the fifth car. It was a habit he had adopted without really thinking about it, like an unspoken rule in the daily ballet of commuting.

Étienne observed the other passengers, not out of intrusive curiosity, but out of fascination with the small routines that made up their lives. He noticed the details: the young woman with her tightly tied bun who read a different book every week, the businessman always immersed in his laptop, or the old man wearing a worn cap who gazed out of the window with a dreamy expression.

But it was a woman, above all, who caught his attention—a woman he mentally called "Madeleine." Why Madeleine? Étienne didn't know. Perhaps because of her melancholic air, or the crumbs of brioche she sometimes absentmindedly wiped off her coat. She always seemed absorbed in her thoughts, her eyes fixed on a small wooden box she clutched in her hands.

One day, while flipping through a boring newspaper, Étienne noticed something strange. Madeleine was not there. He scanned the car with his eyes, but her usual seat was empty. For the next few days, she did not appear. This bothered him more than he was willing to admit. Étienne did not know this woman, yet her absence created a void.

Eventually, he decided to break his routine and approach the other passengers he saw every day. He first spoke to the young woman who read, sitting two rows ahead.

"Excuse me, have you noticed that the woman who always sits here is no longer here?" he asked.

The woman looked up from her book, surprised. "You mean the one with the box? Yes, I was wondering where she went."

Étienne continued his discreet investigation. The businessman shrugged. The old man in the cap replied thoughtfully:

"She told me, last week, that she was going on an important trip. But I didn't ask where."

This answer left Étienne puzzled. Who was Madeleine? Where was she going? And why did it concern him so much?

The next morning, as he boarded the train, Étienne found a small object on the seat she always occupied. It was her wooden box. He hesitated before picking it up, then carefully opened it. Inside, he found letters, old photographs, and a train ticket. The ticket had a past date and a mysterious destination: "Le Havre."

Intrigued, Étienne decided to find out more. After arriving in Paris, he consulted a map and took a train to Le Havre. This impromptu journey, far from his routine, filled him with a strange excitement.

In Le Havre, he went to a small café near the station, guided by an address scribbled on one of the letters. There, he met a waiter who recognized the description of Madeleine.

"She used to come here often," he said. "She said she was looking for someone."

Étienne sat for a long time, staring out at the sea in the distance. Madeleine seemed to be a puzzle he could not solve. But it didn't matter. What mattered was the path she had made him take, out of his habits and into a search for meaning he had never considered.

On his return train to Lyon, Étienne felt that something inside him had changed. He might never see Madeleine again, but she had taught him that life was made of invisible connections, threads woven between strangers who share a moment, a routine, or a train seat.

Every morning, Étienne continued to take the train, but his view of the passengers had changed. He no longer saw just silhouettes, but stories, possibilities, lives intertwined with his own.

Les Ombres de Paris

————

La pluie tombait doucement sur les pavés de Paris, transformant la ville en un labyrinthe brillant d'ombres et de reflets. Jacques Morel, détective privé, se tenait sous le porche d'un immeuble décrépit, une cigarette entre les doigts. Il observait les lumières tamisées des lampadaires qui perçaient à peine le brouillard de la nuit.

Jacques n'était pas étranger aux affaires troubles. Après la guerre, Paris était un mélange étrange de mélancolie et de renaissance, et les secrets y prospéraient comme des champignons après la pluie. Cette fois, cependant, l'affaire avait quelque chose d'étrange.

Il avait été engagé par une femme élégante, une certaine Mme Rousseau, qui portait un parfum cher et une tristesse subtile. Elle cherchait son mari disparu, un écrivain nommé Étienne Rousseau. Jacques avait accepté le cas sans poser trop de questions, mais maintenant, en parcourant les rues humides du quartier latin, il se demandait ce qui l'attendait au bout de cette enquête.

La première étape de son investigation le mena au Caveau des Ombres, un club de jazz enfumé caché dans une ruelle. À l'intérieur, les notes plaintives d'un saxophone flottaient dans l'air épais, mêlées au murmure des conversations et au tintement des verres. Jacques s'approcha du bar et commanda un whisky.

« Vous cherchez quelque chose, monsieur ? » demanda le barman, un homme trapu avec une moustache impeccable.

« Peut-être. Vous avez entendu parler d'Étienne Rousseau ? Un écrivain. Il fréquentait cet endroit. »

Le barman plissa les yeux. « Rousseau, oui. Il venait souvent ici. Un type calme, toujours avec un carnet. Mais ça fait des semaines qu'il n'est pas passé. Vous devriez demander à Juliette. Elle le connaissait bien. »

Jacques se retourna pour chercher Juliette, et il la vit. Une femme brune, assise seule à une table près de la scène, un verre à moitié vide devant elle.

Juliette était chanteuse au Caveau, et sa voix avait une qualité rauque qui semblait contenir toutes les douleurs du monde. Quand Jacques s'assit à sa table, elle le fixa d'un regard perçant.

« Qui êtes-vous, monsieur ? » demanda-t-elle, ses doigts jouant distraitement avec son collier.

« Jacques Morel. Je suis détective privé. Je cherche Étienne Rousseau. Vous le connaissiez, n'est-ce pas ? »

Elle haussa un sourcil. « Je le connaissais, oui. Étienne était... différent. Il écrivait sur tout ce qu'il voyait, comme s'il essayait de capturer quelque chose d'insaisissable. Mais il a changé ces derniers mois. »

« Changé comment ? »

« Il était inquiet. Il disait qu'il avait trouvé quelque chose... ou quelqu'un. Je ne sais pas exactement. La dernière fois que je l'ai vu, il m'a donné une enveloppe et m'a dit de la garder en sécurité. »

Jacques sentit son cœur accélérer. « Et cette enveloppe, vous l'avez encore ? »

Juliette hésita, puis hocha la tête. Elle sortit une enveloppe froissée de son sac à main et la poussa vers lui. Jacques l'ouvrit. À l'intérieur, il trouva une photo en noir et blanc d'un homme inconnu, un carnet d'adresses et une note griffonnée : « Ne fais confiance à personne. Même pas à moi. »

Jacques quitta le club avec une sensation de malaise. Les indices étaient maigres, mais ils le menèrent à un hôtel miteux près de Montmartre, où Étienne avait apparemment loué une chambre sous un faux nom.

Dans la chambre, il trouva des papiers éparpillés sur une petite table, un cendrier débordant de mégots, et une machine à écrire avec une feuille encore en place. Jacques lut les mots dactylographiés :

« La vérité est un luxe que peu peuvent se permettre. »

Mais avant qu'il puisse examiner davantage la pièce, il entendit un bruit derrière lui. Il se retourna juste à temps pour voir un homme entrer, une arme à la main.

« Vous cherchez Rousseau, n'est-ce pas ? » demanda l'intrus avec un sourire sinistre.

Jacques resta calme. « Peut-être. Et vous, qui êtes-vous ? »

L'homme ne répondit pas. Il fit un pas en avant, mais avant qu'il puisse faire quoi que ce soit, Jacques se jeta sur lui, désarmant l'homme avec une rapidité qui témoignait de son passé militaire.

Après avoir maîtrisé l'homme, Jacques apprit que Rousseau avait découvert des informations compromettantes sur des personnalités influentes de Paris. Ces secrets, cachés dans ses écrits, faisaient de lui une cible.

Mais le mystère restait entier. Où était Rousseau ? Et pourquoi avait-il laissé cette piste pour Jacques ?

En fouillant plus avant, Jacques trouva une adresse cachée dans le carnet d'adresses de l'enveloppe. Une petite maison à la périphérie de Paris.

Là-bas, il trouva Étienne, vivant en reclus, entouré de piles de manuscrits.

« Vous n'auriez pas dû venir », murmura Rousseau.

Jacques resta silencieux. En regardant cet homme brisé mais déterminé, il comprit que cette enquête n'avait jamais été une simple affaire de disparition. C'était une plongée dans les ombres de Paris, un rappel que certains secrets ne demandent qu'à rester cachés.

En repartant, Jacques ne savait pas s'il avait résolu l'affaire ou s'il s'était simplement perdu un peu plus dans les ténèbres de la ville. Mais il savait une chose : les ombres de Paris avaient un pouvoir étrange, celui de révéler autant qu'elles cachaient.

The Shadows of Paris

The rain fell gently on the cobblestones of Paris, transforming the city into a labyrinth of shimmering shadows and reflections. Jacques Morel, a private detective, stood under the porch of a dilapidated building, a cigarette between his fingers. He observed the dim lights of the lampposts barely piercing through the fog of the night.

Jacques was no stranger to shady affairs. After the war, Paris had become an odd mix of melancholy and rebirth, and secrets thrived here like mushrooms after rain. This time, however, the case felt strange.

He had been hired by an elegant woman, a certain Mrs. Rousseau, who wore an expensive perfume and a subtle sadness. She was searching for her missing husband, a writer named Étienne Rousseau. Jacques had taken the case without asking too many questions, but now, as he walked the wet streets of the Latin Quarter, he wondered what awaited him at the end of this investigation.

The first step of his investigation led him to the Caveau des Ombres, a smoky jazz club tucked away in an alley. Inside, the plaintive notes of a saxophone floated in the thick air, mingled with the murmur of conversations and the clinking of glasses. Jacques approached the bar and ordered a whiskey.

"Looking for something, sir?" asked the bartender, a stout man with a perfectly groomed mustache.

"Maybe. Have you heard of Étienne Rousseau? A writer. He used to frequent this place."

The bartender narrowed his eyes. "Rousseau, yes. He came here often. A quiet type, always with a notebook. But it's been weeks since he last came by. You should ask Juliette. She knew him well."

Jacques turned to look for Juliette, and he saw her. A brunette, sitting alone at a table near the stage, a half-empty glass in front of her.

Juliette was a singer at the Caveau, and her voice had a raspy quality that seemed to contain all the world's pain. When Jacques sat at her table, she fixed him with a sharp look.

"Who are you, sir?" she asked, her fingers absentmindedly playing with her necklace.

"Jacques Morel. I'm a private detective. I'm looking for Étienne Rousseau. You knew him, didn't you?"

She raised an eyebrow. "I knew him, yes. Étienne was... different. He wrote about everything he saw, as if he were trying to capture something elusive. But he changed in the last few months."

"Changed how?"

"He was anxious. He said he found something... or someone. I don't know exactly. The last time I saw him, he gave me an envelope and told me to keep it safe."

Jacques's heart quickened. "And the envelope, do you still have it?"

Juliette hesitated, then nodded. She pulled a crumpled envelope from her handbag and pushed it toward him. Jacques opened it. Inside, he found a black-and-white photo of an unknown man, an address book, and a scribbled note: "Don't trust anyone. Not even me."

Jacques left the club with a sense of unease. The clues were scant, but they led him to a shabby hotel near Montmartre, where Étienne had apparently rented a room under a false name.

In the room, he found papers scattered on a small table, an overflowing ashtray, and a typewriter with a sheet still in place. Jacques read the typed words:

"Truth is a luxury few can afford."

But before he could examine the room further, he heard a noise behind him. He turned just in time to see a man enter, a weapon in his hand.

"You're looking for Rousseau, aren't you?" the intruder asked with a sinister smile.

Jacques remained calm. "Maybe. And you, who are you?"

The man didn't respond. He took a step forward, but before he could do anything, Jacques lunged at him, disarming him with a speed that betrayed his military past.

After subduing the man, Jacques learned that Rousseau had discovered compromising information about influential figures in Paris. These secrets, hidden in his writings, had made him a target.

But the mystery remained. Where was Rousseau? And why had he left this trail for Jacques?

Digging further, Jacques found an address hidden in the address book from the envelope. A small house on the outskirts of Paris.

There, he found Étienne, living in seclusion, surrounded by piles of manuscripts.

"You shouldn't have come," Rousseau whispered.

Jacques remained silent. Looking at this broken but determined man, he understood that this investigation had never been just about a disappearance. It was a dive into the shadows of Paris, a reminder that some secrets only want to stay hidden.

As he left, Jacques wasn't sure if he had solved the case or if he had just wandered a little deeper into the city's darkness. But he knew one thing: the shadows of Paris had a strange power, one that revealed as much as they hid.

L'Étoile de Provence

La lumière dorée de l'après-midi baignait le petit village de Provence, illuminant les champs de lavande qui ondulaient sous la brise. Claudine se tenait près du lit de sa grand-mère, une femme frêle mais au regard toujours vif malgré son âge avancé.

« Claudine, approche, ma petite, » murmura Mamie Rose, sa voix à peine audible. Claudine s'assit près d'elle, prenant délicatement sa main.

« Je suis là, Mamie, » répondit-elle doucement.

Mamie Rose tendit une feuille de papier jaunie, griffonnée à la main. « C'est ma recette d'étoile de Provence. Elle n'est pas seulement un plat, tu sais. Elle raconte notre histoire. Promets-moi de la préparer un jour. »

Claudine hocha la tête, les larmes aux yeux. « Je te le promets. »

Quelques jours plus tard, après les funérailles de sa grand-mère, Claudine retourna dans l'ancienne maison familiale. C'était une bâtisse simple mais chaleureuse, remplie de souvenirs. Dans la cuisine, l'odeur persistante des herbes de Provence semblait imprégner les murs.

Elle déplia la recette, notant chaque détail écrit avec soin : farine, huile d'olive, herbes fraîches, miel, et une pincée de sel marin. Mais c'était la dernière ligne qui attira son attention : « Souviens-toi de la vérité, même si elle est amère. »

Intriguée, Claudine rassembla les ingrédients. Chaque étape de la préparation semblait réveiller un souvenir enfoui. Alors qu'elle mélangeait la pâte, elle se rappela les étés passés avec Mamie Rose, récoltant du romarin dans le jardin.

Pendant que le plat cuisait au four, Claudine fouilla dans une vieille boîte à biscuits où sa grand-mère gardait des souvenirs. Elle trouva une photo d'une jeune femme – sa grand-mère – dans les bras d'un homme qu'elle ne reconnaissait pas. Derrière la photo, il y avait une inscription : « Rose et Henri, 1943. Pour toujours. »

Claudine fronça les sourcils. Elle n'avait jamais entendu parler d'un Henri dans les histoires de famille. Qui était-il ?

Quand l'étoile de Provence fut prête, Claudine la sortit du four. Le parfum riche et complexe emplit la cuisine, évoquant un mélange de nostalgie et de mystère. En goûtant la première bouchée, elle sentit une vague d'émotion l'envahir.

Ce plat, si simple en apparence, portait une profondeur qu'elle n'avait jamais connue. Chaque saveur semblait raconter une histoire : l'amertume de l'huile d'olive, la douceur du miel, la vivacité des herbes.

Elle comprit alors que la recette n'était pas qu'un héritage culinaire, mais une clé pour comprendre sa famille.

Claudine décida de visiter une vieille voisine, Mme Margot, qui avait connu sa grand-mère dans sa jeunesse.

« Henri ? » dit Mme Margot en souriant tristement. « Ah, oui. C'était le grand amour de ta grand-mère. Pendant la guerre, ils se sont rencontrés. Henri était un résistant, un homme brave mais traqué. Ils rêvaient d'une vie ensemble, mais la guerre a tout changé. »

Claudine écouta avec fascination. « Que lui est-il arrivé ? »

Mme Margot secoua la tête. « Il a disparu avant la fin de la guerre. Certains disent qu'il a été capturé, d'autres qu'il a réussi à fuir. Mais ta grand-mère ne l'a jamais oublié. Elle disait toujours que leur amour vivait dans l'étoile de Provence. »

De retour chez elle, Claudine regarda le plat presque terminé. Elle comprenait maintenant pourquoi sa grand-mère lui avait confié cette recette. Ce n'était pas seulement pour transmettre un goût ou une technique, mais pour perpétuer une histoire, une mémoire.

En prenant une autre bouchée, elle ferma les yeux, imaginant Rose et Henri, jeunes et amoureux, dans un champ de lavande sous le ciel étoilé.

Ce soir-là, Claudine écrivit dans son journal : « L'étoile de Provence n'est pas un plat. C'est un pont entre le passé et le présent, une lumière dans l'obscurité. »

Elle se promit de transmettre cette recette à la prochaine génération, tout comme Mamie Rose l'avait fait pour elle, afin que l'étoile continue de briller.

The Star of Provence

The golden light of the afternoon bathed the small village of Provence, illuminating the lavender fields that swayed in the breeze. Claudine stood by her grandmother's bed, a frail woman whose eyes still sparkled with life despite her advanced age.

"Claudine, come closer, my dear," whispered Mamie Rose, her voice barely audible. Claudine sat beside her, gently taking her hand.

"I'm here, Mamie," she replied softly.

Mamie Rose handed her a yellowed piece of paper, scrawled by hand. "This is my recipe for the Star of Provence. It's not just a dish, you know. It tells our story. Promise me you'll make it one day."

Claudine nodded, tears welling in her eyes. "I promise."

A few days later, after her grandmother's funeral, Claudine returned to the old family home. It was a simple but warm house, filled with memories. In the kitchen, the lingering scent of Provence herbs seemed to permeate the walls.

She unfolded the recipe, noting every carefully written detail: flour, olive oil, fresh herbs, honey, and a pinch of sea salt. But it was the last line that caught her attention: "Remember the truth, even if it's bitter."

Intrigued, Claudine gathered the ingredients. Each step of the preparation seemed to awaken a buried memory. As she mixed the dough, she remembered the summers spent with Mamie Rose, gathering rosemary from the garden.

While the dish baked in the oven, Claudine searched through an old biscuit tin where her grandmother kept mementos. She found a photo of a young woman—her grandmother—holding a man she didn't recognize. On the back of the photo, there was an inscription: "Rose and Henri, 1943. Forever."

Claudine furrowed her brow. She had never heard of an Henri in the family stories. Who was he?

When the Star of Provence was ready, Claudine took it out of the oven. The rich, complex aroma filled the kitchen, evoking a mix of nostalgia and mystery. Taking the first bite, she felt a wave of emotion overwhelm her.

This dish, so simple in appearance, carried a depth she had never known. Each flavor seemed to tell a story: the bitterness of the olive oil, the sweetness of the honey, the freshness of the herbs.

She understood then that the recipe was not just a culinary heritage, but a key to understanding her family.

Claudine decided to visit an old neighbor, Mrs. Margot, who had known her grandmother in her youth.

"Henri?" Mrs. Margot said with a sad smile. "Ah, yes. He was your grandmother's great love. During the war, they met. Henri was a resistance fighter, a brave man but hunted. They dreamed of a life together, but the war changed everything."

Claudine listened in fascination. "What happened to him?"

Mrs. Margot shook her head. "He disappeared before the war ended. Some say he was captured, others say he managed to escape. But your grandmother never forgot him. She always said that their love lived in the Star of Provence."

Back at home, Claudine looked at the nearly finished dish. She now understood why her grandmother had entrusted her with this recipe. It wasn't just to pass on a taste or a technique, but to perpetuate a story, a memory.

Taking another bite, she closed her eyes, imagining Rose and Henri, young and in love, in a lavender field under the starry sky.

That evening, Claudine wrote in her journal: "The Star of Provence is not just a dish. It's a bridge between the past and the present, a light in the darkness."

She promised herself to pass this recipe on to the next generation, just as Mamie Rose had done for her, so that the star would continue to shine.

Le Marché aux Épices

Le marché de la Canebière à Marseille était un tourbillon de couleurs, de bruits et de parfums. Colette s'y rendait chaque samedi, comme elle l'avait fait depuis des années. Elle aimait flâner parmi les étals, s'attardant sur les légumes frais, les fruits mûrs et les épices exotiques qui remplissaient l'air d'odeurs enivrantes. Mais ce samedi-là, quelque chose de différent se produisit.

Alors qu'elle passait devant un étal rempli de petites bocaux de verre colorés, une voix douce et mystérieuse s'éleva derrière elle. « Vous aimez les épices, madame ? »

Colette se tourna et aperçut un homme, la quarantaine, à l'allure tranquille, vêtu d'un long manteau en laine sombre et d'un chapeau qui masquait en partie son visage. Ses yeux étaient brillants, presque hypnotiques.

« Je suis... un marchand d'épices, » dit-il en souriant légèrement. « Et vous, vous êtes une amatrice. »

Colette, surprise, hocha la tête. « Oui, j'aime beaucoup les épices. Elles apportent de la couleur à la vie, n'est-ce pas ? »

Le marchand sourit encore plus largement. « C'est ce que j'ai toujours pensé. » Il tendit un petit sachet en toile. « Permettez-moi de vous faire goûter un mélange spécial que j'ai rapporté des marchés de Marrakech. »

Colette prit le sachet, intriguée, et renifla son contenu. Une odeur chaude et sucrée, mêlée d'un soupçon de musc, l'envahit. « C'est... merveilleux ! » s'exclama-t-elle. « Quelle est cette épice ? »

« C'est du ras-el-hanout, » répondit l'homme. « Un mélange que chaque marchand garde secret, composé de plus de vingt épices. Il contient des souvenirs d'Orient, des traces de sable et de soleil. »

Intriguée par son mystère, Colette acheta un petit pot du mélange et s'apprêta à partir, mais l'homme l'arrêta. « Attendez... vous avez l'air d'une personne qui cherche à découvrir des saveurs, mais aussi des histoires. Chaque épice a une histoire à raconter, vous savez. »

« Des histoires ? » demanda Colette, fascinée.

Le marchand acquiesça. « Laissez-moi vous raconter celle du cumin. C'est une épice d'Arabie, apportée en Europe par les marchands du Moyen Âge. Mais elle a une autre histoire, celle des caravanes qui traversaient les déserts brûlants, où chaque grain de cumin était une promesse d'un repas chaleureux, partagé sous les étoiles. C'est une épice de voyage, mais aussi de mémoire. »

Colette, émue, se sentit soudainement transportée dans ces lieux lointains qu'elle n'avait jamais vus, mais qu'elle sentait presque palpables dans l'air autour d'elle. « Vous avez raison, » dit-elle doucement. « Chaque épice porte en elle une histoire. »

Le marchand la regarda intensément, puis sourit d'un air mystérieux. « Et vous, Colette, vous portez aussi une histoire, une histoire que vous n'avez pas encore découverte. »

Elle le fixa, surprise. « Comment savez-vous mon prénom ? »

Il haussait les épaules. « Les histoires sont un peu comme les épices. Elles se dévoilent à ceux qui prennent le temps de les écouter. Venez me voir demain, à la même heure, et je vous raconterai d'autres histoires. Des histoires qui vous guideront dans un voyage bien plus grand que celui de ce marché. »

Colette sentit une étrange excitation se mêler à la curiosité. « D'accord, je reviendrai. »

Le lendemain, à l'heure convenue, Colette retourna au marché. Le marchand l'attendait, un sourire énigmatique aux lèvres. « Je vais vous parler d'un épice rare, le safran, » dit-il en sortant une petite boîte en bois. « Le safran est une épice ancienne, apportée d'Inde par Alexandre le Grand. C'est une épice de roi, mais aussi de sacrifice. » Il ouvrit la boîte et laissa Colette sentir la précieuse épice. L'odeur était douce et presque métallique, un parfum de terre et de soleil. « Le safran raconte l'histoire de ceux qui ont traversé des océans, qui ont quitté leurs terres pour en découvrir d'autres. »

Colette écoutait attentivement, fascinée par la passion avec laquelle l'homme parlait des épices et de leurs histoires. Chaque rencontre avec lui l'emmenait plus loin dans un monde qu'elle ne connaissait pas, celui des voyages, des cultures et des souvenirs.

Les semaines passèrent, et Colette devint une habituée du marché. Chaque samedi, le marchand lui dévoilait une nouvelle épice et une nouvelle histoire : le gingembre, symbole de la guérison et de l'énergie ; le curcuma, secret des alchimistes ; la cardamome, porteuse de promesses d'amour et de mystères.

Peu à peu, Colette sentit sa propre vie se tordre et se fondre dans ces récits. Elle se mit à voyager, à travers les épices et les histoires qu'elles portaient. Elle se rendit en Inde, à la recherche du safran, visita les marchés animés du Maroc et se perdit dans les ruelles d'Istanbul, où les épices envahissaient les marchés, comme une mer de couleurs et de parfums.

Un jour, après un long voyage en Asie, Colette revint au marché, où le marchand l'attendait comme à son habitude. Mais cette fois, il avait un air plus triste.

« Vous avez vu beaucoup de choses, Colette, » dit-il d'une voix douce. « Vous avez appris des histoires, mais il est temps pour vous de raconter la vôtre. »

Colette le regarda, surprise. « Ma propre histoire ? »

Le marchand hocha la tête. « Oui. Vous avez parcouru un chemin, mais maintenant il est temps de trouver votre propre chemin. » Il tendit à Colette une dernière épice, une petite fiole de cannelle. « La cannelle, c'est l'épice de la chaleur et de la maison. C'est à vous de décider où se trouve votre maison, Colette. »

The Spice Market

———

The Canebière market in Marseille was a whirlwind of colors, sounds, and smells. Colette went there every Saturday, as she had for years. She loved wandering among the stalls, lingering over fresh vegetables, ripe fruits, and exotic spices that filled the air with intoxicating scents. But that Saturday, something different happened.

As she passed a stall filled with small, colorful glass jars, a soft, mysterious voice rose behind her. "Do you like spices, madam?"

Colette turned and saw a man in his forties, with a calm demeanor, wearing a long dark wool coat and a hat that partially concealed his face. His eyes were bright, almost hypnotic.

"I am... a spice merchant," he said with a slight smile. "And you, you are an enthusiast."

Surprised, Colette nodded. "Yes, I love spices. They bring color to life, don't they?"

The merchant smiled even more widely. "That's what I've always thought." He handed her a small cloth sachet. "Allow me to let you taste a special blend I brought from the markets of Marrakech."

Colette took the sachet, intrigued, and sniffed its contents. A warm, sweet aroma, tinged with a hint of musk, enveloped her. "It's... wonderful!" she exclaimed. "What spice is this?"

"It's ras-el-hanout," the man replied. "A blend that every merchant keeps secret, made up of more than twenty spices. It carries memories of the East, traces of sand and sun."

Intrigued by his mystery, Colette bought a small jar of the blend and was about to leave when the man stopped her. "Wait... you seem like someone who seeks to discover flavors, but also stories. Every spice has a story to tell, you know."

"Stories?" Colette asked, fascinated.

The merchant nodded. "Let me tell you the story of cumin. It's a spice from Arabia, brought to Europe by the merchants of the Middle Ages. But it has another story, that of the caravans crossing the scorching deserts, where each grain of cumin was a promise of a warm meal, shared under the stars. It's a spice of travel, but also of memory."

Colette, moved, suddenly felt transported to those distant places she had never seen, yet almost felt tangible in the air around her. "You're right," she said softly. "Every spice carries a story."

The merchant looked at her intently, then smiled mysteriously. "And you, Colette, you also carry a story, one you haven't discovered yet."

She stared at him, surprised. "How do you know my name?"

He shrugged. "Stories are a bit like spices. They reveal themselves to those who take the time to listen. Come see me tomorrow, at the same time, and I'll tell you more stories. Stories that will guide you on a journey far greater than that of this market."

Colette felt a strange excitement mixed with curiosity. "Okay, I'll return."

The next day, at the appointed time, Colette returned to the market. The merchant was waiting for her, an enigmatic smile on his lips. "I'm going to tell you about a rare spice, saffron," he said, taking out a small wooden box. "Saffron is an ancient spice, brought from India by Alexander the Great. It's a king's spice, but also one of sacrifice." He opened the box and let Colette smell the precious spice. The aroma was soft and almost metallic, a scent of earth and sunshine. "Saffron tells the story of those who crossed oceans, who left their lands to discover new ones."

Colette listened attentively, fascinated by the passion with which the man spoke about spices and their stories. Each encounter with him took her further into a world she didn't know, one of travels, cultures, and memories.

Weeks passed, and Colette became a regular at the market. Every Saturday, the merchant revealed a new spice and a new story: ginger, a symbol of healing and energy; turmeric, the secret of alchemists; cardamom, bearer of promises of love and mysteries.

Little by little, Colette felt her own life twist and blend with these tales. She began to travel, through the spices and the stories they carried. She went to India in search of saffron, visited the bustling markets of Morocco, and got lost in the streets of Istanbul, where spices filled the markets like a sea of colors and smells.

One day, after a long journey through Asia, Colette returned to the market, where the merchant was waiting for her as usual. But this time, he seemed more somber.

"You've seen many things, Colette," he said in a soft voice. "You've learned stories, but now it's time for you to tell your own."

Colette looked at him, surprised. "My own story?"

The merchant nodded. "Yes. You've traveled a path, but now it's time to find your own way." He handed Colette one last spice, a small vial of cinnamon. "Cinnamon is the spice of warmth and home. It's up to you to decide where your home is, Colette."

www.ingramcontent.com/pod-product-compliance
Lightning Source LLC
Chambersburg PA
CBHW061404140726
47997CB00003B/1347